Michael Sartorius

Die große GmbH-Reform 2008

www.salzwasserverlag.de

Sartorius, Michael

Die große GmbH-Reform 2008

2. Auflage 2008 | ISBN: 978-3-86741-114-1

© CT Salzwasser-Verlag GmbH & Co. KG, 2008.
Alle Rechte vorbehalten. Bearbeitungsstand August 2008

Die Deutsche Bibliothek verzeichnet diesen Titel in der
Deutschen Nationalbibliografie.
Bibliografische Daten sind unter http://dnb.ddb.de abrufbar.

Dieses Fachbuch wurde nach bestem Wissen und mit größtmöglicher Sorgfalt erstellt. Im Hinblick auf das Produkthaftungsgesetz weisen Autoren und Verlag darauf hin, dass inhaltliche Fehler und Änderungen nach Drucklegung dennoch nicht auszuschließen sind. Aus diesem Grund übernehmen Verlag und Autoren keine Haftung und Gewährleistung. Alle Angaben erfolgen ohne Gewähr.

Inhaltsverzeichnis

A.	**Einführung**	**6**
B.	**Die Neuregelung im Überblick**	**9**
I.	*Inhalt*	*9*
II.	*Stand des Gesetzgebungsverfahrens*	*15*
C.	**Die Änderungen im Einzelnen**	**17**
I.	*Erleichterung von Gründungen*	*17*
1.	Erleichterung der Kapitalaufbringung	19
a.	Mindestkapital	19
b.	Erleichterungen bei Sacheinlagen	21
c.	Die Unternehmergesellschaft	23
d.	Musterprotokolle	26
2.	Erleichterung der Anteilsübertragung	27
a.	Funktion der Gesellschafterliste	27
b.	Gutgläubiger Erwerb von Gesellschaftsanteilen	28
II.	*Beschleunigung der Gründung*	*29*
1.	Musterprotokolle	29
2.	Anpassung des Registerrechts	30
a.	EHUG	30
b.	Beschleunigung bei genehmigungspflichtigem Geschäftsgegenstand	31
c.	Ein-Mann-Gründung	32
d.	Prüfung von Sacheinlagen	33
III.	*Erhöhung der Wettbewerbsfähigkeit der GmbH*	*34*

1.	Möglichkeit des Verwaltungssitzes im Ausland	35
2.	Mehr Transparenz bei Gesellschaftsanteilen	36
3.	Sicherung des Cash-Pooling	37
4.	Deregulierung des Eigenkapitalersatzrechts	39
5.	Missbrauchsbekämpfung	40
IV.	*Übergangsregelungen*	*43*
1.	Anmeldung der inländischen Geschäftsanschrift	44
2.	Ausschlussgründe für Geschäftsführer	45
3.	Geltung der Gesellschafterliste	45
4.	Kapitalersetzende Maßnahmen	46
D.	**Fazit**	**48**
E.	**Anhang**	**50**

Abkürzungsverzeichnis

AG	Aktiengesellschaft
AktG	Gesetz über Aktiengesellschaften
Anh.	Anhang
Art.	Artikel
EHUG	Gesetz über das elektronische Handelsregister und Genossenschaftsregister sowie das Unternehmensregister
EU	Europäische Union
EuGH	Europäischer Gerichtshof
GmbH	Gesellschaft mit beschränkter Haftung
GmbHG	GmbH-Gesetz
GmbHG neu	**GmbH-Gesetz in der Neufassung nach Umsetzung des MoMiG in der Fassung vom 29.08.2008**
HGB	Handelsgesetzbuch
i.V.m.	In Verbindung mit
Limited	Private Company limited by shares
MoMiG	**Gesetz zur Modernisierung des GmbH-Rechts und zur Bekämpfung von Missbräuchen in der Fassung vom 29.08.2008**

A. Einführung

Das Gesellschaftsrecht der Bundesrepublik Deutschland ist seit etwa 25 Jahren in weiten Teilen und hier insbesondere in den Grundzügen unverändert. Dies gilt vor allem für das Recht der Gesellschaft mit beschränkter Haftung, der GmbH. Alle Reformversuche scheiterten an wechselnden Mehrheitsverhältnissen, wobei im Grundsatz die Einsicht, dass eine Modernisierung des althergebrachten erforderlich war, breit gefächert war. So ging es am Schluss nicht mehr um die Frage, ob etwas verändert werden sollte, sondern nur noch darum, wie weit man tatsächlich zu gehen hat.

Der Anstoß zur Änderung kam, wie so oft in diesen Zeiten, aus Europa. Seit unstreitig ist, dass eine ausländische Gesellschaft vom europarechtlichen Grundsatz der Freizügigkeit Gebrauch machen und sich in einem anderen Land ansiedeln kann, befindet sich die GmbH im Wettbewerb zu diesen Gesellschaftsformen, allen voran der englischen „Limited", die sich zunehmender Beliebtheit erfreut.[1] Die „Limited", aber auch den meisten anderen ausländischen Gesellschaftsformen, die hierzulande wie inländische Gesellschaften aktiv werden können, zeichnet aus, dass sie umfassende Haftungsbeschränkung gewährleistet, ohne dass - wie bei der GmbH - ein nennenswertes Mindeststammkapital bereitgestellt werden muss. Es wundert daher auch nicht, dass die Reduzierung des Mindeststammkapitals hauptsächlicher Streitpunkt des Reformvorhabens war.

Nunmehr hat man sich - endlich - auf einen Weg verständigt, der zwar halbherzig erscheint, der aber letztlich eine erhebliche Modernisierung der GmbH zur Folge hat und der den Weg in die richtige Richtung weist.

Sicher ist aber auch, dass diese Reform - anders als die vorangegangenen - kein Vierteljahrhundert halten wird, die Zeiten sind nicht nur kurzlebiger geworden, sondern man muss auch leider feststellen, dass die Reform von 2008 in der Sache nur provisorischen Charakter hat und

---

[1] Grundlegend zur Nutzung der „Limited" im europäischen Ausland: EuGH Urt. v. 30.09.2003 Rs C-167/01 (*Inspire Art*)

der Weiterentwicklung bedarf. Sie hat insbesondere in der Endphase wichtige Impulse verloren und wesentliche Anliegen wie die notarlose Mustergründung oder die Reduzierung des Mindest-Stammkapitals gingen verloren. Man muss jedoch kein Prophet sein, um anzunehmen, dass genau diese Themen demnächst wieder auf der Agenda stehen.

Dieses Buch dient dazu, die Reform 2008 darzustellen. Wer darüber hinaus eine grundlegende Einführung in das gesamte GmbH-Recht oder das Recht der „Limited" sucht, dem seien die sehr ausführlichen Titel von Klaus Degenhardt hierzu ans Herz gelegt.[2]

---

[2] Klaus Degenhardt: **Das neue GmbH-Recht 2009**, ISBN: 978-3-86741-121-9, ders: **Die Limited in Deutschland**, 5. Auflage 2007, ISBN: 978-3-86741-069-4

B. Die Neuregelung im Überblick

I. Inhalt

Das Gesetz zur Modernisierung des GmbH-Rechts und zur Bekämpfung von Missbräuchen („MoMiG")[3] sieht drei große Regelungsbereiche vor:

- Erleichterung und Beschleunigung von Neugründungen
- Verbesserung der internationalen Wettbewerbsfähigkeit der GmbH
- Maßnahmen zur Verhinderung von Missbräuchen

Im Wesentlichen geht es um folgendes:[4]

Ein Kernanliegen der GmbH-Novelle ist die Erleichterung und Beschleunigung von Unternehmensgründungen.

---

[3] Gesetzentwurf vom 29.08.2008, zu finden unter bmj.bund.de, abgedruckt bei Degenhardt, Das neue GmbH-Recht 2009 (siehe Fußnote 2)

[4] vgl. Pressemitteilung des BMJ vom 23.05.2008, zu finden unter bmj.bund.de

- Das Mindeststammkapital der GmbH sollte ursprünglich von bisher 25.000 Euro auf 10.000 Euro herabgesetzt werden, um Gründungen insbesondere für Dienstleistungsgewerbe zu erleichtern. Hiermit konnte sich die Bundesregierung letztendlich leider nicht durchsetzen. Um den Bedürfnissen von Existenzgründern, die am Anfang nur sehr wenig Stammkapital haben und benötigen, zu entsprechen, bringt der Entwurf nunmehr eine Einstiegsvariante der GmbH, die haftungsbeschränkte Unternehmergesellschaft. Es handelt sich dabei um eine GmbH, die ohne bestimmtes Mindeststammkapital gegründet werden kann. Diese GmbH darf ihre Gewinne aber nicht voll ausschütten. Sie soll auf diese Weise das Mindeststammkapital der normalen GmbH nach und nach ansparen.

- Die Gesellschafter werden künftig individueller über die jeweilige Höhe ihrer Stammeinlagen bestimmen und sie dadurch besser nach ihren Bedürfnissen und finanziellen Möglichkeiten ausrichten können. Geschäftsanteile können künftig leichter aufgeteilt, zusammengelegt und einzeln oder zu mehreren an einen Dritten übertragen werden.

- Rechtsunsicherheiten im Bereich der Kapitalaufbringung werden dadurch beseitigt, dass das Rechtsinstitut der „verdeckten Sacheinlage" im Gesetz neu geregelt wird. Eine verdeckte Sacheinlage liegt vor, wenn zwar formell eine Bareinlage vereinbart und geleistet wird, die Gesellschaft bei wirtschaftlicher Betrachtung aber einen Sachwert erhalten soll. Der Entwurf sieht vor, dass die Gesellschafter künftig auch mit einer „verdeckten Sacheinlage" ihre Verpflichtung gegenüber der Gesellschaft erfüllen können.

- Für unkomplizierte Standardgründungen (u. a. Bargründung, höchstens drei Gesellschafter) werden zwei Musterprotokolle zur Verfügung gestellt, die drei Dokumente (Satzung, Geschäftsführerbestellung und Gesellschafterliste) zusammenfassen und Kosten beim Notar sparen.

- Bei Gesellschaften, deren Unternehmensgegenstand genehmigungspflichtig ist, wird das Eintragungsverfahren vollständig von der verwaltungsrechtlichen Genehmigung abgekoppelt.
- Vereinfacht wird auch die Gründung von Ein-Personen-GmbHs. Hier wird künftig auf die Stellung besonderer Sicherheitsleistungen verzichtet.
- Es wird ausdrücklich klargestellt, dass das Gericht bei der Gründungsprüfung nur dann die Vorlage von Einzahlungsbelegen oder sonstigen Nachweise verlangen kann, wenn es erhebliche Zweifel hat, ob das Kapital ordnungsgemäß aufgebracht wurde. Dies bringt insbesondere Erleichterungen bei Sachgründungen mit sich.

Durch ein Bündel von Maßnahmen soll die Attraktivität der GmbH nicht nur in der Gründung, sondern auch als am Markt tätiges Unternehmen erhöht und Nachteile der deutschen GmbH im Wettbewerb der Rechtsformen ausgeglichen werden.

- Durch die Streichung des § 4a Abs. 2 GmbHG soll es deshalb deutschen Gesellschaften ermöglicht werden, einen ausländischen Verwaltungssitz zu wählen.

- Nach dem Vorbild des Aktienregisters soll künftig nur derjenige als Gesellschafter gelten, der in die Gesellschafterliste eingetragen ist.

- Die Bedeutung der Gesellschafterliste wird noch in anderer Hinsicht erheblich ausgebaut: Die Gesellschafterliste dient als Anknüpfungspunkt für einen gutgläubigen Erwerb von Geschäftsanteilen. Wer einen Geschäftsanteil erwirbt, soll künftig darauf vertrauen dürfen, dass die in der Gesellschafterliste verzeichnete Person auch wirklich Gesellschafter ist.

- Das bei der Konzernfinanzierung international gebräuchliche Cash-Pooling soll gesichert und sowohl für den Bereich der Kapitalaufbringung als auch den Bereich der Kapitalerhaltung auf eine verlässliche Rechtsgrundlage gestellt werden.

- Die sehr komplex gewordene Materie des Eigenkapitalersatzrechts wird erheblich vereinfacht und grundlegend dereguliert. Beim Eigenkapitalersatzrecht geht es um die Frage, ob Kredite, die Gesellschafter ihrer GmbH geben, als Darlehen oder als Eigenkapital behandelt werden. Eine Unterscheidung zwischen kapitalersetzenden und normalen Gesellschafterdarlehen wird es künftig nicht mehr geben.

Die aus der Praxis übermittelten Missbrauchsfälle im Zusammenhang mit der Rechtsform der GmbH sollen durch verschiedene Maßnahmen bekämpft werden:

- Die Rechtsverfolgung gegenüber Gesellschaften soll beschleunigt werden. Das setzt voraus, dass die Gläubiger wissen, an wen sie sich wegen ihrer Ansprüche wenden können. Deshalb muss zukünftig in das Handelsregister eine inländische Geschäftsanschrift eingetragen werden.

- Die Gesellschafter werden im Falle der Führungslosigkeit der Gesellschaft verpflichtet, bei Zahlungsunfähigkeit und

Überschuldung einen Insolvenzantrag zustellen.

- Geschäftsführer, die Beihilfe zur Ausplünderung der Gesellschaft durch die Gesellschafter leisten und dadurch die Zahlungsunfähigkeit der Gesellschaft herbeiführen, sollen stärker in die Pflicht genommen werden.

- Die bisherigen Ausschlussgründe für Geschäftsführer werden um Verurteilungen wegen Insolvenzverschleppung, falscher Angaben und unrichtiger Darstellung sowie Verurteilungen auf Grund allgemeiner Straftatbestände mit Unternehmensbezug erweitert.

II. Stand des Gesetzgebungsverfahrens

Im Mai 2006 hat das Bundesjustizministerium den MoMiG vorgestellt. Ein Jahr später ist der Regierungsentwurf vom Bundeskabinett beschlossen worden. Der Bundesrat hat dem Gesetzentwurf zunächst nicht zugestimmt, sondern ihn zurückverwiesen.

Am 26. Juni 2008 hat der Deutsche Bundestag das MoMiG in der vorliegenden Fassung beschlossen. Die Zustimmung des Bundesrates steht noch aus, mit ihr ist aber in Kürze zu rechnen.

C. Die Änderungen im Einzelnen

I. Erleichterung von Gründungen

Ein Kernanliegen der GmbH-Novelle ist die Erleichterung und Beschleunigung von Unternehmensgründungen.

Hier besteht ein erheblicher Wettbewerbsnachteil der GmbH gegenüber ausländischen Rechtsformen wie der englischen „Limited", denn in vielen Mitgliedstaaten der Europäischen Union werden geringere Anforderungen an die Gründungsformalien und die Aufbringung des Mindeststammkapitals gestellt.

In der Tat lässt sich eine „Limited" innerhalb weniger Tage, ja manchmal auch innerhalb weniger Stunden, gründen. Selbst die Neugründung einer einfachen, nicht genehmigungspflichtigen GmbH hat bisher immer einige Monate in Anspruch genommen, während derer die Gründer nach § 11 GmbHG für Verbindlichkeiten der Gesellschaft persönlich haften. Dies ist in vielen Fällen ein ebenso untragbarer wie überflüssiger Zustand, der zwar mit Umsetzung des EHUG im Jahre 2007 bereits erheblich entschärft wurde, der aber insbesondere im Vergleich zur „Limited" anachronistisch anmutet.

Im Einzelnen wurden folgende Maßnahmen zur Beschleunigung und Erleichterung von Unternehmensgründungen beschlossen:

1. Erleichterung der Kapitalaufbringung

a. Mindestkapital

Das Mindest-Stammkapital der GmbH beträgt nach wie vor 25.000 Euro, die Bundesregierung hat sich also zu guter Letzt nicht mit ihrem Ansinnen durchgesetzt, das Mindest-Stammkapital auf 10.000 Euro herabzusetzen.

Als Stammkapital bezeichnet man die bei Gründung einer GmbH von den Gesellschaftern insgesamt zu erbringenden Einlagen. Diese müssen allerdings bei der Gründung nur zur Hälfte erbracht werden,[5] so dass sich der tatsächliche Mindestkapitalbedarf auf 12.500 Euro reduziert.

Dies gilt mit Umsetzung des MoMiG erstmals auch für Ein-Mann-Gründungen, bei denen bis-

---

[5] vgl. § GmbHG

her der nicht bar eingezahlte Stammkapitalanteil werthaltig besichert werden musste.[6]

Ein Mindeststammkapital wurde als „Seriositätsschwelle" gesehen. Hierüber kann man zwar trefflich geteilter Meinung sein, zumal ein Kapital von 12.500 Euro wahrhaftig nicht geeignet ist, irgendwelche Aussagen über die Bonität der Gesellschaft zu treffen, aber diese Regelung ist Ausdruck eines typischen Kompromiss in der Politik - inhaltlich wenig sinnvoll, aber allseits gesichtswahrend.

Bereits die bisherige Mindestkapitalschwelle von 25.000 Euro war in der Praxis in keiner Weise geeignet, Gläubigern Haftungskapital bereitzustellen. Es ist daher auch damit zu rechnen, dass im Rahmen einer zukünftigen weiteren Deregulierung eines Tages ganz auf das Erfordernis eines Mindestkapitals verzichtet werden wird. Der - dogmatisch unbefriedigende - Kompromiss um die „haftungsbeschränkte Unternehmergesellschaft" weist den Weg (dazu gleich mehr).

---

[6] vgl. § 7 Abs. 2 GmbHG, dieses Erfordernis entfällt, vgl. Kapitel III 2 c

Die Gesellschafter werden zudem künftig individueller über die jeweilige Höhe ihrer Stammeinlagen bestimmen und sie dadurch besser nach ihren Bedürfnissen und finanziellen Möglichkeiten ausrichten können. Bislang muss die Stammeinlage mindestens 100 Euro betragen und darf nur in Einheiten aufgeteilt werden, die durch 50 teilbar sind. Der Entwurf sieht vor, dass jeder Geschäftsanteil nur noch auf einen Betrag von mindestens einem Euro lauten muss. Vorhandene Geschäftsanteile können künftig leichter und vor allem flexibler gestückelt werden.

Die Flexibilisierung setzt sich bei den Geschäftsanteilen fort. Geschäftsanteile können künftig leichter aufgeteilt, zusammengelegt und einzeln oder zu mehreren an einen Dritten übertragen werden.

b. Erleichterungen bei Sacheinlagen

Die Aufbringung des Stammkapitals durch Sacheinlagen hat in der Vergangenheit bei kleinen GmbHs kaum eine Rolle gespielt.

Hintergrund war vor allem das durch die Rechtsprechung geschaffene Rechtsinstitut der „verdeckten Sacheinlage". Eine verdeckte Sacheinlage liegt vor, wenn zwar formell eine Bareinlage vereinbart und geleistet wird, die Gesellschaft bei wirtschaftlicher Betrachtung aber einen Sachwert erhalten soll. Die für die Praxis nur schwer nachzuvollziehenden Vorgaben der Rechtsprechung zur verdeckten Sacheinlage sowie die einschneidenden Rechtsfolgen, die dazu führen, dass der Gesellschafter im Insolvenzfall seine Einlage häufig zweimal leisten muss, sind umstritten.

Der Entwurf sieht daher vor, dass die Gesellschafter künftig auch mit einer „verdeckten Sacheinlage" ihre Verpflichtung gegenüber der Gesellschaft erfüllen können.[7] Der Gesellschafter muss aber nachweisen, dass der Wert der verdeckten Sacheinlage den Betrag der geschuldeten Bareinlage erreicht hat. Kann er das nicht, muss er die Differenz erneut aufbringen.[8]

Diese Neuregelung ist durchaus zu begrüßen, wird aber in der Praxis kleiner GmbHs keine große Auswirkung haben, weil hier in aller Regel

---

[7] § 19 Abs. 4 GmbHG neu
[8] § 8 Abs. 2 GmbHG neu

schon aus Gründen der schnelleren Abwicklung Bargründungen die Regel und - nach Absenkung des Mindestkapitals - auch kein ernsthaftes Hindernis mehr sind.

c. Die Unternehmergesellschaft

Um den Bedürfnissen von Existenzgründern, die am Anfang nur sehr wenig Stammkapital haben und benötigen (z.B. im Dienstleistungsbereich) zu entsprechen, bringt der Entwurf eine „Einstiegsvariante" der GmbH, die haftungsbeschränkte Unternehmergesellschaft.[9]

Es handelt sich hier um eine vollwertige GmbH, die sich zunächst von einer „normalen" GmbH nur dadurch unterscheidet, dass sie über ein Stammkapital verfügt, das 25.000 Euro unterschreitet. Jeder Betrag ist möglich, auf Null darf er allerdings nicht lauten. Im Regelfall wird das Stammkapital einer solchen Gesellschaft 1 Euro betragen.

---

[9] § 5a GmbHG neu

Im Gegenzug hat der Unternehmer folgende Restriktionen zu beachten:

- Das Stammkapital muss vor Eintragung voll in bar eingezahlt sein.[10]
- Die Gesellschaft muss den Zusatz „Unternehmergesellschaft (haftungsbeschränkt)" oder „UG (haftungsbeschränkt)" führen.[11]
- In der Bilanz des Jahresabschlusses ist eine gesetzliche Rücklage zu bilden, in die ein Viertel des um einen Verlustvortrag aus dem Vorjahr geminderten Jahresüberschusses einzustellen ist. Die Rücklage darf nur die Umwandlung in Stammkapital verwandt werden.[12] Dies gilt so lange, bis das Mindest-Stammkapital einer „normalen" GmbH erreicht ist. Danach kann die Gesellschaft den herkömmlichen Zusatz „GmbH" führen, muss es aber nicht (sie kann also

---

[10] § 5a Abs. 2 GmbHG neu
[11] § 5a Abs. 1 GmbHG neu
[12] § 5a Abs. 3 GmbHG neu

auch den alten Zusatz als „Unternehmergesellschaft" beibehalten).[13]

- Abweichend von § 49 Abs. 3 GmbHG muss die Versammlung der Gesellschafter bei drohender Zahlungsunfähigkeit unverzüglich einberufen werden.[14]

In der Praxis sind diese Restriktionen in den meisten Fällen bedeutungslos, so dass man der „Unternehmergesellschaft" eine große Zukunft prophezeien kann. Auch die Verpflichtung zur Rücklagenbildung wird vielfach zunächst unbedeutend sein, da die Verpflichtung nur bei einem Jahresüberschuss greift und Verlustvorträge aus Vorjahren abgezogen werden können. Faktisch wird das für die typische kleine Gesellschaft in aller Regel dazu führen, dass in den ersten Jahren überhaupt keine Rücklagen zu bilden sein werden.

---

[13] § 5a Abs. 5 GmbHG neu
[14] § 5a Abs. 4 GmbHG neu

d. Musterprotokolle

Für unkomplizierte Standardgründungen werden zwei Musterprotokolle zur Verfügung gestellt, die drei Dokumente (Satzung, Geschäftsführerbestellung und Gesellschafterliste) zusammenfassen und Kosten beim Notar sparen. Voraussetzung hierfür ist:

- Bargründung (keine Sachgründung)
- Maximal drei Gesellschafter

Ursprünglich war von der Bundesregierung vorgesehen, dass bei Verwendung eines Muster-Gesellschaftsvertrages keine notarielle Beurkundung des Gesellschaftsvertrages, sondern nur eine öffentliche Beglaubigung der Unterschriften erforderlich sein sollte.[15] Der Mustervertrag sollte durch Muster für die Handelsregisteranmeldung flankiert werden (sog. „Gründungs-Set"). So hätten in den genannten Fällen sämtliche Schritte bis zur Eintragung in das Handelsregister ohne zwingende rechtliche Beratung bewältigt werden können. Leider hat sich

---

[15] § 2 Abs. 1 a GmbHG neu

die Lobby der Notare hier durchgesetzt, die massiv um Gebühreneinbußen fürchtete.

Die „Musterprotokolle" sind nichts weiter als ein fauler Kompromiss ohne große praktische Bedeutung.

Die Muster sind im Anhang abgedruckt

2. Erleichterung der Anteilsübertragung

a. Funktion der Gesellschafterliste

Zurzeit ist es manchmal schwierig, die aktuellen Gesellschafter einer GmbH zu ermitteln. Dies liegt daran, dass der Eintrag im Handelsregister keine konstitutive Wirkung hat und demnach Gesellschafterwechsel nicht zwingend aus dem Register hervorgehen.

Nach dem Vorbild des Aktienregisters soll künftig nur noch derjenige als Gesellschafter gelten, der in die Gesellschafterliste eingetragen ist. So können Geschäftspartner der GmbH lückenlos und einfach nachvollziehen, wer hinter der Gesellschaft steht. Veräußerer und Erwerber von Gesellschaftsanteilen erhalten einen Anreiz, die

Gesellschafterliste aktuell zu halten. Der eintretende Gesellschafter erhält einen Anspruch darauf, in die Liste eingetragen zu werden. Weil die Struktur der Anteilseigner transparenter wird, lassen sich Missbräuche wie zum Beispiel Geldwäsche besser verhindern.

Letzteres dürfte ein wesentliches Motiv für diese Rechtsänderung sein, die jedenfalls dem Existenzgründer keine Vorteile bietet.

b. Gutgläubiger Erwerb von Gesellschaftsanteilen

Die rechtliche Bedeutung der Gesellschafterliste wird noch in anderer Hinsicht erheblich ausgebaut: Die Gesellschafterliste dient als Anknüpfungspunkt für einen gutgläubigen Erwerb von Geschäftsanteilen.[16]

Wer einen Geschäftsanteil erwirbt, soll künftig darauf vertrauen dürfen, dass die in der Gesellschafterliste verzeichnete Person auch wirklich Gesellschafter ist.

---

[16] §§ 16, 40 GmbHG neu

Ist eine unrichtige Eintragung in der Gesellschafterliste für mindestens drei Jahre unbeanstandet geblieben, so gilt der Inhalt der Liste dem Erwerber gegenüber als richtig. Entsprechendes gilt für den Fall, dass die Eintragung zwar weniger als drei Jahre unrichtig, die Unrichtigkeit dem wahren Berechtigten aber zuzurechnen ist.

Die vorgesehene Regelung schafft deutlich mehr Rechtssicherheit und senkt damit die Transaktionskosten. Bislang geht der Erwerber eines Geschäftsanteils das Risiko ein, dass der Anteil einem anderen als dem Veräußerer gehört. Die Neuregelung führt damit zu einer erheblichen Erleichterung für die Praxis bei Veräußerung von Anteilen auch älterer GmbHs.

II. Beschleunigung der Gründung

1. Musterprotokolle

Für unkomplizierte Standardgründungen werden Musterprotokolle als Anlage zum GmbHG zur Verfügung gestellt, die den Vorgang der notariellen Beurkundung erleichtern und verbilligen.

2. Anpassung des Registerrechts

a. EHUG

Die Eintragung einer Gesellschaft in das Handelsregister wurde bereits durch das Anfang 2007 in Kraft getretene Gesetz über elektronische Handelsregister und Genossenschaftsregister sowie das Unternehmensregister (EHUG) erheblich beschleunigt. Danach werden die zur Gründung der GmbH erforderlichen Unterlagen grundsätzlich elektronisch beim Registergericht eingereicht, das dann unverzüglich über die Anmeldung entscheiden und die übermittelten Daten unmittelbar in das elektronisch geführte Register übernehmen kann.

Die erfolgreiche Einführung des EHUG hat in der Tat in den letzten Monaten bereits zu einer spürbaren Beschleunigung der Eintragungen geführt. Hieran knüpft das MoMiG an

b. Beschleunigung bei genehmigungspflichtigem Geschäftsgegenstand

Gesellschaften, deren Geschäftsgegenstand z.B. nach den Vorschriften der Gewerbeordnung der vorherigen Genehmigung bedarf, werden bislang erst in das Handelsregister eingetragen, wenn die Genehmigung der Verwaltungsbehörde vorlag (§ 8 Abs. 1 Nr. 6 GmbHG). Das betrifft zum Beispiel Handwerks- und Restaurantbetriebe oder Bauträger, die eine gewerberechtliche Erlaubnis brauchen und führte oftmals zu erheblichen Verzögerungen bei der Gründung der Gesellschaft, die wiederum erhebliche Nachteile für den Unternehmer nach sich ziehen konnten, wenn dieser etwa vor Aufnahme der erlaubnispflichtigen Tätigkeit bereits (erlaubtermassen) Anschaffungen tätigte und hierfür dann persönlich haftete.

Zukünftig wird das Eintragungsverfahren vollständig von der verwaltungsrechtlichen Genehmigung abgekoppelt. Danach müssen GmbHs wie Einzelkaufleute und Personenhandelsgesellschaften keine Genehmigungsurkunden mehr beim Registergericht einreichen, die Eintragung in das Handelsregister erfolgt unabhängig und unbeschadet der verwaltungsrechtlichen Genehmigung. Die Haftungsbeschränkung ist daher zukünftig bereits vor dem Vorliegen der Erlaubnis herzustellen.

c. Ein-Mann-Gründung

Die Ein-Mann-GmbH gibt es seit der großen GmbH-Reform von 1980. Ihre Zulässigkeit ist seitdem unumstritten und sie hat in der Praxis eine erhebliche Bedeutung erlangt. Im ausländischen Rechtsraum ist sie seit langem anerkannt.

Faktisch ist sie in Deutschland bis heute im Rahmen der Gründung insoweit gegenüber der Mehr-Personen-Gründung benachteiligt, als dass die Möglichkeit der Halbierung des einzuzahlenden Stammkapitals nicht bzw. nur nach Stellung werthaltiger Sicherheiten bestand (§ 7 Abs. 2 Satz 3, § 19 Abs. 4 GmbHG).

Hier wird künftig auf die Stellung besonderer Sicherheitsleistungen verzichtet. Die Ein-Mann-Gründung wird daher der Mehr-Personen-Gründung gleichgestellt, auch der Ein-Mann-Gründer kann mit einem halben Bar-Stammkapital von 5.000 Euro eine GmbH gründen, ohne für den Rest des Stammkapitals eine Sicherheit zu stellen.

Es wird im Übrigen im MoMiG ausdrücklich klargestellt, dass das Gericht bei der Gründungsprüfung nur dann die Vorlage von Einzahlungsbelegen oder sonstigen Nachweise verlangen kann, wenn es erhebliche Zweifel hat, dass das Kapital ordnungsgemäß aufgebracht wurde.

d. Prüfung von Sacheinlagen

Bei Sacheinlagen wird die Werthaltigkeitskontrolle durch das Registergericht zukünftig auf die Frage beschränkt, ob eine „nicht unwesentliche" Überbewertung vorliegt.[17] Dies entspricht der Rechtlage bei der Aktiengesellschaft. Nur bei entsprechenden Hinweisen kann damit künftig im Rahmen der Gründungsprüfung eine externe Begutachtung veranlasst werden.

Hierdurch wird die Möglichkeit der Sachgründung einer GmbH erheblich erleichtert. Gleichwohl wird die Sachgründung angesichts des

---

[17] § 9c Abs. 1 Satz 2 GmbHG neu

reduzierten Mindest-Stammkapitals vermutlich auch in Zukunft keine große Rolle spielen.

III. Erhöhung der Wettbewerbsfähigkeit der GmbH

Durch ein Bündel von Maßnahmen soll die Attraktivität der GmbH nicht nur in der Gründung, sondern auch als „werbendes", also am Markt tätiges Unternehmen erhöht und Nachteile der deutschen GmbH im Wettbewerb der Rechtsformen ausgeglichen werden. Hier geht es in der Sache darum, den Wettbewerbsnachteil, den die GmbH in den vergangenen Jahren gegenüber der „Limited" erfahren hat, wieder auszugleichen. Dabei geht es nicht nur um die Möglichkeit der schnellen und einfachen Gründung, sondern um den Einsatz der GmbH im Ausland, der bisher strikt unmöglich war, und um Maßnahmen zur Missbrauchsverhütung.

1. Möglichkeit des Verwaltungssitzes im Ausland

Als ein Wettbewerbsnachteil der GmbH wird angesehen, dass EU-Auslandsgesellschaften nach der mittlerweile gefestigten Rechtsprechung des EuGH ihren Verwaltungssitz in einem anderen Staat – also auch in Deutschland – wählen können. Diese Auslandsgesellschaften sind in Deutschland als solche anzuerkennen.

Umgekehrt haben deutsche Gesellschaften diese Möglichkeit bislang nicht. Durch die ersatzlose Streichung des § 4a Abs. 2 GmbHG soll es deshalb deutschen Gesellschaften ermöglicht werden, einen Verwaltungssitz zu wählen, der nicht notwendig mit dem inländischen Satzungssitz übereinstimmt.

Dieser Verwaltungssitz kann auch im Ausland liegen. Damit soll der Spielraum deutscher Gesellschaften erhöht werden, ihre Geschäftstätigkeit auch im Ausland zu entfalten. Das kann z.B. eine attraktive Möglichkeit für deutsche Konzerne sein, ihre Auslandstöchter in der Rechtsform der vertrauten GmbH zu führen.

Erforderlich ist allerdings auch im Falle eines ausländischen Verwaltungssitzes eine inländische Zustellanschrift.[18] Diese muss in das Handelsregister eingetragen werden und gilt Dritten gegenüber als richtig.

Angesichts der immer noch - jedenfalls im Vergleich zur englischen „Limited" - deutlich höheren Kapitalausstattungspflicht der deutschen GmbH wird man dieser jedenfalls für den reinen Auslandseinsatz kaum eine große Rolle prophezeien können.

2. Mehr Transparenz bei Gesellschaftsanteilen

Nach dem Vorbild des Aktienregisters soll künftig regelmäßig nur derjenige als Gesellschafter gelten, der in die Gesellschafterliste eingetragen ist (siehe dazu oben, Ziff. II. 2a).

So können Geschäftspartner der GmbH lückenlos und einfach nachvollziehen, wer hinter der Gesellschaft steht. Die Geschäftsführer sind ebenso wie ein beurkundender Notar verpflich-

---

[18] §§ 8 Abs. 4 Ziff. 1; 10 Abs. 1 Satz 1 GmbHG neu

tet, jede Veränderung zur Gesellschafterliste beim Handelsregister anzumelden. Veräußerer und Erwerber von Gesellschaftsanteilen erhalten so den Anreiz, die Gesellschafterliste aktuell zu halten.

Der eintretende Gesellschafter erhält weiter einen Anspruch darauf, in die Liste eingetragen zu werden. Weil die Struktur der Anteilseigner so transparenter wird, lassen sich Missbräuche besser verhindern. Das hierdurch geschaffene Vertrauen wirkt sich nach Auffassung des Gesetzgebers positiv auf die Geschäftsaussichten der Gesellschaft aus, dürfte aber in der Praxis dennoch keine wesentliche Rolle spielen.

Hiermit einher geht die Möglichkeit des gutgläubigen Erwerbs von Geschäftsanteilen (siehe hierzu Ziff. II 2b)

3. Sicherung des Cash-Pooling

Das Cash-Pooling ist ein Instrument zum Liquiditätsausgleich zwischen den Unternehmen in einem Konzern.

Dazu werden liquide Mittel zu einem gemeinsamen Cash-Management durch die Konzernmutter geleitet. Im Gegenzug erhalten die Tochtergesellschaften Rückzahlungsansprüche gegen die Muttergesellschaft. Obwohl das Cash-Pooling als Methode der Konzernfinanzierung als ökonomisch sinnvoll erachtet und weithin praktiziert wird, sind auf Grundlage der neueren Rechtsprechung des Bundesgerichtshofes zu § 30 GmbHG in der Praxis Rechtsunsicherheiten über dessen Grenzen entstanden. Hier geht es insbesondere um die Frage, ob solche Darlehen kapitalersetzenden Charakter haben und wie sie bilanziell und im fall der Insolvenz zu behandeln sind.

Das bei der Konzernfinanzierung international gebräuchliche und sinnvolle Cash-Pooling soll durch das MoMiG gesichert und sowohl für den Bereich der Kapitalaufbringung als auch den Bereich der Kapitalerhaltung auf eine verlässliche Rechtsgrundlage gestellt werden.

Der Entwurf sieht hier eine allgemeine Regelung vor, die über das reine Cash-Pooling hinausreicht und zur bilanziellen Betrachtung des Gesellschaftsvermögens zurückkehrt: Danach kann eine Leistung der Gesellschaft an einen Gesellschafter dann nicht als verbotene Auszahlung von Gesellschaftsvermögen gewertet werden, wenn ein reiner Aktivtausch vorliegt, also der Gegenleistungs- oder Rückerstattungsanspruch der Gesellschaft gegen den Gesellschafter die Auszahlung deckt und zudem vollwertig ist. Eine entsprechende Regelung soll auch im Bereich der Kapitalaufbringung gelten.

Diese - durchaus sinnvolle - Änderung spielt für kleine Gesellschaften freilich keine Rolle.

4. Deregulierung des Eigenkapitalersatzrechts

Die sehr komplex gewordene Materie des Eigenkapitalersatzrechts (§§ 30 ff. GmbHG) wird durch das MoMiG insgesamt erheblich vereinfacht und grundlegend dereguliert.

Beim Eigenkapitalersatzrecht geht es um die Frage, ob Kredite, die Gesellschafter ihrer GmbH geben, als Darlehen oder als Eigenkapital behandelt werden. Das Eigenkapital steht in der Insolvenz hinter allen anderen Gläubigern zurück. Grundgedanke der Neuregelung ist, dass die Organe und Gesellschafter der gesunden GmbH einen einfachen und klaren Rechtsrahmen vorfinden sollen. Dazu werden die

Rechtsprechungs- und Gesetzesregeln über die kapitalersetzenden Gesellschafterdarlehen (§§ 32a, 32b GmbHG) im Insolvenzrecht neu geordnet; die Rechtsprechungsregeln nach § 30 GmbHG werden aufgehoben.[19] Eine Unterscheidung zwischen „kapitalersetzenden" und „normalen" Gesellschafterdarlehen wird es nicht mehr geben.

Diese Neuregelung wird in der Praxis große Bedeutung erlangen und dazu führen, dass auch bei kleinen Gesellschaften der Kapitalbedarf zukünftig eher über flexible Darlehen als über Einlagen finanzieren wird.

5. Missbrauchsbekämpfung

Die aus der Praxis übermittelten Missbrauchsfälle im Zusammenhang mit der Rechtsform der GmbH sollen durch verschiedene Maßnahmen bekämpft werden:

- Die Rechtsverfolgung gegenüber Gesellschaften soll beschleunigt werden. Das setzt voraus, dass die Gläubiger wissen,

---

[19] Ziff 20-22 MoMiG

an wen sie sich wegen ihrer Ansprüche wenden können. Deshalb muss zukünftig in das Handelsregister eine inländische Geschäftsanschrift eingetragen werden. Dies gilt auch für Aktiengesellschaften, Einzelkaufleute, Personenhandelsgesellschaften sowie Zweigniederlassungen (auch von Auslandsgesellschaften). Wenn unter dieser eingetragenen Anschrift eine Zustellung unmöglich ist, wird die Möglichkeit verbessert, gegenüber juristischen Personen eine öffentliche Zustellung im Inland zu bewirken.

- Die Gesellschafter werden im Falle der Führungslosigkeit der Gesellschaft verpflichtet, bei Zahlungsunfähigkeit und Überschuldung einen Insolvenzantrag zustellen. Hat die Gesellschaft keinen Geschäftsführer mehr, muss jeder Gesellschafter an deren Stelle Insolvenzantrag stellen, es sei denn, er hat vom Insolvenzgrund oder von der Führungslosigkeit keine Kenntnis. Die Insolvenzantragspflicht soll durch Abtauchen der Geschäftsführer nicht umgangen werden können.[20]

- Geschäftsführer, die Beihilfe zur Ausplünderung der Gesellschaft durch die Gesellschafter leisten und dadurch die Zahlungsunfähigkeit der Gesellschaft herbeiführen, sollen stärker in die Pflicht genommen werden. Dazu wird das Zahlungsverbot in § 64 GmbHG erweitert.

- Die bisherigen Ausschlussgründe für Geschäftsführer (§ 6 Abs. 2 Satz 3 GmbHG, § 76 Abs. 3 Satz 3 AktG) werden um Verurteilungen wegen Insolvenzverschleppung, falscher Angaben und unrichtiger Darstellung sowie Verurteilungen auf Grund allgemeiner Straftatbestände mit Unternehmensbezug (§§ 265b, 266 oder § 266a StGB) erweitert.[21] Zum Geschäftsführer kann also nicht mehr bestellt werden, wer gegen zentrale Bestimmungen des Wirtschaftsstrafrechts verstoßen hat. Das gilt auch

---
[20] § 35 Abs.1 GmbHG neu
[21] § 6 Abs. 2 GmbHG neu

bei Verurteilungen wegen vergleichbarer Straftaten im Ausland. Hier ist insbesondere auf das englische Recht zu verweisen, wo derartige Verurteilungen sehr rasch drohen.[22] Wer sich also in der Vergangenheit erfolglos an einer „Limited" versucht hat, sollte darauf achten, die dortigen Verhältnisse in Ordnung zubringen.

- Hinzu kommt, dass eine umfassende Verpflichtung besteht, die Gesellschafterliste im Handelsregister stets zu aktualisieren.[23] Dies soll der Geldwäsche und ähnlichen Straftaten vorbeugen.

IV. Übergangsregelungen

Wenn - womit noch in diesem Jahr zu rechnen ist - das MoMiG ratifiziert wird, stellt sich die Frage, wie und ab wann die Neuregelungen für

---

[22] Einzelheiten bei Degenhardt, Die Limited in Deutschland, siehe Fußnote 2

[23] § 40 GmbHG neu

Altgesellschaften gelten. Dies gilt insbesondere für neue Restriktionen und Verpflichtungen.

1. Anmeldung der inländischen Geschäftsanschrift

Die Pflicht, die inländische Geschäftsanschrift bei dem Gericht zur Eintragung in das Handelsregister anzumelden, gilt auch für Gesellschaften, die zu diesem Zeitpunkt bereits in das Handelsregister eingetragen sind. In diesen Fällen ist die inländische Geschäftsanschrift mit der ersten die eingetragene Gesellschaft betreffenden Anmeldung zum Handelsregister ab dem Datum des Inkrafttretens des MoMiG, spätestens aber bis zum 31. März 2009 anzumelden. Wenn bis zum 31. März 2009 keine inländische Geschäftsanschrift zur Eintragung in das Handelsregister angemeldet worden ist, trägt das Gericht von Amts wegen und ohne Überprüfung kostenfrei die ihm nach § 24 Abs. 2 der Handelsregisterverordnung bekannte inländische Anschrift als Geschäftsanschrift in das Handelsregister ein.[24]

2. Ausschlussgründe für Geschäftsführer

Die Regelung in Bezug auf Ausschlussgründe der Gesellschafter ist auf Personen, die vor dem Datum des Inkrafttretens des MoMiG zum Geschäftsführer bestellt worden sind, nicht anzuwenden, wenn die Verurteilung vor dem Datum des Inkrafttretens des MoMiG rechtskräftig geworden sind.

3. Geltung der Gesellschafterliste

Bei Gesellschaften, die vor dem Datum des Inkrafttretens des MoMiG gegründet worden sind, findet die Regelung des Gutglaubensschutzes beim Erwerb vom in der Gesellschafterliste eingetragenen (§ 16 Abs. 3 GmbHG neu) für den Fall, dass die Unrichtigkeit in der Gesellschafterliste bereits vor dem Datum des Inkrafttreten des MoMiG vorhanden und dem Berechtigten zuzu-

---

[24] Art. 2 § 3 MoMiG

rechnen ist, hinsichtlich des betreffenden Geschäftsanteils frühestens auf Rechtsgeschäfte nach dem Datum sechs Kalendermonate nach Inkrafttreten des MoMiG Anwendung. Ist die Unrichtigkeit dem Berechtigten im Fall des Satzes 1 nicht zuzurechnen, so sind abweichend 36 Kalendermonate nach Inkrafttreten des MoMiG maßgebend.

4. Kapitalersetzende Maßnahmen

Die neuen Regelungen über kapitalersetzende Maßnahmen (§ 8 Abs. 2 Satz 2 und § 19 Abs. 4 GmbHG neu) gelten auch für Einlagenleistungen, die vor diesem Zeitpunkt bewirkt worden sind, soweit sie nach der vor dem Datum des Inkrafttretens des MoMiG geltenden Rechtslage wegen der Vereinbarung einer Einlagenrückgewähr oder wegen einer verdeckten Sacheinlage keine Erfüllung der Einlagenverpflichtung bewirkt haben.

Dies gilt nicht, soweit über die aus der Unwirksamkeit folgenden Ansprüche zwischen der Gesellschaft und dem Gesellschafter bereits vor dem Datum des Inkrafttretens des MoMiG ein rechtskräftiges Urteil ergangen oder eine wirksame Vereinbarung zwischen der Gesellschaft und dem Gesellschafter getroffen worden ist.

D. Fazit

Die Novelle des GmbH-Rechts ist ein Schritt in die richtige Richtung. Auch die althergebrachte GmbH bürgte an keiner Stelle und in keiner Weise für effektiven Gläubigerschutz oder gar Bonität, sie war und ist ein Relikt aus der Vergangenheit, das im sich rapide wandelnden europäischen Umfeld zuletzt nur noch für hochgezogene Augenbrauen sorgte. Umso mehr ist zu bedauern, dass der - international klar vorgezeichnete - Weg zur 1-Euro-GmbH zunächst nur halbherzig über den Umweg „Unternehmergesellschaft" realisiert wurde. Es bleibt das Geheimnis des Gesetzgebers, warum eine mit 12.500 Euro Barkapital ausgestattete Gesellschaft ihren Gläubigern effektiveren Schutz bietet als eine 1-Euro-GmbH. Gläubigerschutz hat seit langem schon nichts mit der Mindestkapitalausstattung zu tun, die 12.500 Euro sind im Zweifelsfall binnen kurzem verbraucht.

Dennoch ist der Gesetzgeber auf dem richtigen Weg und man darf gespannt sein, wann die echte 1-euro-GmbH auch in Deutschland kommt. 25 Jahre wird es sicher nicht dauern.

Ausgesprochen negativ ist die verpasste Chance zu werten, im Rahmen einer Muster-Gründung Notarkosten zu sparen und für eine noch schnellere Eintragung der Gesellschaft zu sorgen. Hiermit hätte der Gesetzgeber - in Verbindung mit der Unternehmergesellschaft und der Absenkung des Mindestkapitals - insbesondere Existenzgründern ein sehr effektives Instrument an die Hand gegeben, kurzfristig für geringen Aufwand für effektive Haftungsbeschränkung zu sorgen.

Dies hat er versäumt, es ist daher damit zu rechnen, dass die „Limited" durchaus auch in Zukunft den Markt für kleine Kapitalgesellschaften beherrschen wird.

E. Anhang

Anlage 1 (zu Artikel 1 Nr. 50)

a) Musterprotokoll für die Gründung einer Einpersonengesellschaft

UR. Nr. _____

Heute, den _____,

erschien vor mir, _____,
Notar/in mit dem Amtssitz in
_____,

Herr/Frau[1]
_____
_____
_____[2].

1. Der Erschienene errichtet hiermit nach § 2 Abs. 1a GmbHG eine Gesellschaft mit beschränkter Haftung unter der Firma _____ mit dem Sitz in _____.

2. Gegenstand des Unternehmens ist _____.

3. Das Stammkapital der Gesellschaft beträgt _____ € (i.W. _____ Euro) und wird vollständig von Herrn/Frau[1] _____ (Geschäftsanteil Nr. 1) übernommen. Die Einlage ist in Geld zu erbringen, und zwar sofort in voller Höhe/zu 50 % sofort, im Übrigen sobald die Gesellschafterversammlung ihre Einforderung beschließt[3].

4. Zum Geschäftsführer der Gesellschaft wird Herr/Frau[4] _____, geboren am _____, wohnhaft in _____, bestellt.

Der Geschäftsführer ist von den Beschränkungen des § 181 des Bürgerlichen Gesetzbuchs befreit.

5. Die Gesellschaft trägt die mit der Gründung verbundenen Kosten bis zu einem Gesamtbetrag von 300 €, höchstens jedoch bis zum Betrag ihres Stammkapitals. Darüber hinausgehende Kosten trägt der Gesellschafter.

6. Von dieser Urkunde erhält eine Ausfertigung der Gesellschafter, beglaubigte Ablichtungen die Gesellschaft und das Registergericht (in elektronischer Form) sowie eine einfache Abschrift das Finanzamt – Körperschaftsteuerstelle –.

7. Der Erschienene wurde vom Notar/von der Notarin insbesondere auf folgendes hingewiesen:_____

Hinweise:

[1] Nicht Zutreffendes streichen. Bei juristischen Personen ist die Anrede Herr/Frau wegzulassen.

[2] Hier sind neben der Bezeichnung des Gesellschafters und den Angaben zur notariellen Identitätsfeststellung ggf. der Güterstand und die Zustimmung des Ehegatten sowie die Angaben zu einer etwaigen Vertretung zu vermerken.

[3] Nicht Zutreffendes streichen. Bei der Unternehmergesellschaft muss die zweite Alternative gestrichen werden.

[4] Nicht Zutreffendes streichen.

b) Musterprotokoll für die Gründung einer Mehrpersonengesellschaft mit bis zu drei Gesellschaftern

UR. Nr. _____

Heute, den _____,

erschienen vor mir, _____, Notar/in mit dem Amtssitz in
_____,

Herr/Frau[1]
_____
_____
_____[2],

Herr/Frau[1]
_____
_____
_____[2],

Herr/Frau[1]
_____
_____
_____

1. Die Erschienenen errichten hiermit nach § 2 Abs. 1a GmbHG eine Gesellschaft mit beschränkter Haftung unter der Firma _____ mit dem Sitz in _____.

2. Gegenstand des Unternehmens ist _____.

3. Das Stammkapital der Gesellschaft beträgt _____ € (i.W. _____ Euro) und wird wie folgt übernommen:

    Herr/Frau[1] _____ übernimmt einen Geschäftsanteil mit einem Nennbetrag in Höhe von _____ € (i.W. _____ Euro) (Geschäftsanteil Nr. 1),

    Herr/Frau[1] _____ übernimmt einen Geschäftsanteil mit einem Nennbetrag in Höhe von _____ € (i.W. _____ Euro) (Geschäftsanteil Nr. 2),

    Herr/Frau[1] _____ übernimmt einen Geschäftsanteil mit einem Nennbetrag in Höhe von _____ € (i.W. _____ Euro) (Geschäftsanteil Nr. 3).

    Die Einlagen sind in Geld zu erbringen, und zwar sofort in voller Höhe/zu 50 % sofort, im Übrigen sobald die Gesellschafterversammlung ihre Einforderung beschließt[3].

4. Zum Geschäftsführer der Gesellschaft wird Herr/Frau[4] _____, geboren am _____, wohnhaft in _____, bestellt. Der Geschäftsführer ist von den Beschränkungen des § 181 des Bürgerlichen Gesetzbuchs befreit.

5. Die Gesellschaft trägt die mit der Gründung verbundenen Kosten bis zu einem Gesamtbetrag von 300 €, höchstens jedoch bis zum Betrag ihres Stammkapitals. Darüber hinausgehende Kosten tragen die Gesellschafter im Verhältnis der Nennbeträge ihrer Geschäftsanteile.

6. Von dieser Urkunde erhält eine Ausfertigung jeder Gesellschafter, beglaubigte Ablichtungen die Gesellschaft und das Registergericht (in elektronischer Form) sowie eine einfache Abschrift das Finanzamt – Körperschaftsteuerstelle –.

7. Die Erschienenen wurden vom Notar/von der Notarin insbesondere auf folgendes hingewiesen: _____

Hinweise:

[1] Nicht Zutreffendes streichen. Bei juristischen Personen ist die Anrede Herr/Frau wegzulassen.

[2] Hier sind neben der Bezeichnung des Gesellschafters und den Angaben zur notariellen Identitätsfeststellung ggf. der Güterstand und die Zustimmung des Ehegatten sowie die Angaben zu einer etwaigen Vertretung zu vermerken.

[3] Nicht Zutreffendes streichen. Bei der Unternehmergesellschaft muss die zweite Alternative gestrichen werden.

[4] Nicht Zutreffendes streichen.

Weitere Titel unseres Verlages zu diesen Themen:

Degenhardt, Klaus
Das neue GmbH-Recht 2008
2. neu bearbeitete Auflage 2008
150 Seiten, A5, Broschur
24,90 € (D, A, CH)
ISBN: 978-3-86741-121-9

Degenhardt, Klaus
Die Limited in Deutschland
5. neu bearbeitete Auflage 2007
89 Seiten, A5, Broschur
26,90 € (D, A, CH)
ISBN: 978-3-86741-069-4

Cleary, John
Bilanzen und Steuern der Limited in Deutschland
162 Seiten, A5, Broschur
34,90 € (D, A, CH)
ISBN: 978-3-937686-27-1

Luft, Angela
Die Limited im Wettbewerb zur GmbH
200 Seiten, A5, Broschur
29,90 € (D, A, CH)
ISBN: 978-3-937686-86-6

Stirtz, Beate
Der Gläubigerschutz bei der englischen Limited im Vergleich zur GmbH
142 Seiten, A5, Broschur
39,90 € (D, A, CH)
ISBN: 978-3-86741-019-9

Unser gesamtes Verlagsprogramm finden Sie im Internet unter
www.salzwasserverlag.de